CB066735

NOS

Virginia

[*um inventário íntimo*]

Cláudia Abreu

Regina Abreu, minha mãe, ouvinte amorosa, que me ensina com sua força a nunca desistir.

José Rubem Fonseca, que sempre me disse que escrever faz bem, sobretudo a quem escreve.

José Henrique Fonseca, meu parceiro incansável, sempre ampliando meus sentidos e me fazendo enxergar mais longe.

Aos meus filhos, Maria Maud, Felipa, José Joaquim e Pedro Henrique, todo o meu infinito amor.

Minha querida Virginia,

Minha relação com sua literatura começou aos dezoito anos, quando encenei no teatro uma adaptação de seu romance Orlando. Como eu era muito jovem, talvez não tenha tido o entendimento total da profundidade da obra, mas me lembro de achá-la bastante moderna para a época em que foi escrita. Era surpreendente o questionamento simbólico acerca das questões de gênero ali presentes, principalmente por se tratar da primeira metade do século XX. Uma escritora avant la lettre.

Meu reencontro com você, Virginia, aconteceu de maneira fulminante há alguns anos. Eu comecei a me aventurar na escrita e conheci uma professora de literatura que auxiliava escritores com seu olhar sofisticado, além de sugerir valiosas referências literárias. Divagando entre uma aula e outra, eu disse a ela que tinha vontade de escrever sobre uma história que tivesse uma fluência no tempo coexistente, eu queria que as personagens passeassem pelas várias fases da vida, que dialogassem com elas mesmas no passado, assim como no futuro.

Fluxo de consciência, essa era chave. Assim eu poderia viajar em todas as mentes, por todas as fases da existência. E qual foi a minha surpresa? Você tinha revolucionado a literatura alternando os fluxos de consciência de forma brilhante!

Imaginei um encontro fictício nosso, quando lhe contaria impressões de minhas leituras, falaria de como sua sensível e aguda percepção da realidade me iluminava, o quanto sua personalidade extraordinariamente singular me inspirava. Li suas biografias, seus diários, suas memórias. E descobri algo que me parecia impossível: sua vida era tão interessante quanto sua literatura. Como sobreviveu, tendo os nervos tão frágeis, a tantas tragédias familiares, às depressões, às violações à sua sensibilidade? Ainda hoje me compadeço de suas angustiantes crises nervosas.

O desejo de reviver sua existência no teatro se tornou um processo natural. Desde então, todos os caminhos me levaram a você, Virginia.

Passei os últimos anos dedicada à tarefa de tentar fazer um recorte potente e amoroso de sua vida.

Espero que goste.

*Com todo afeto e admiração,
Cláudia*

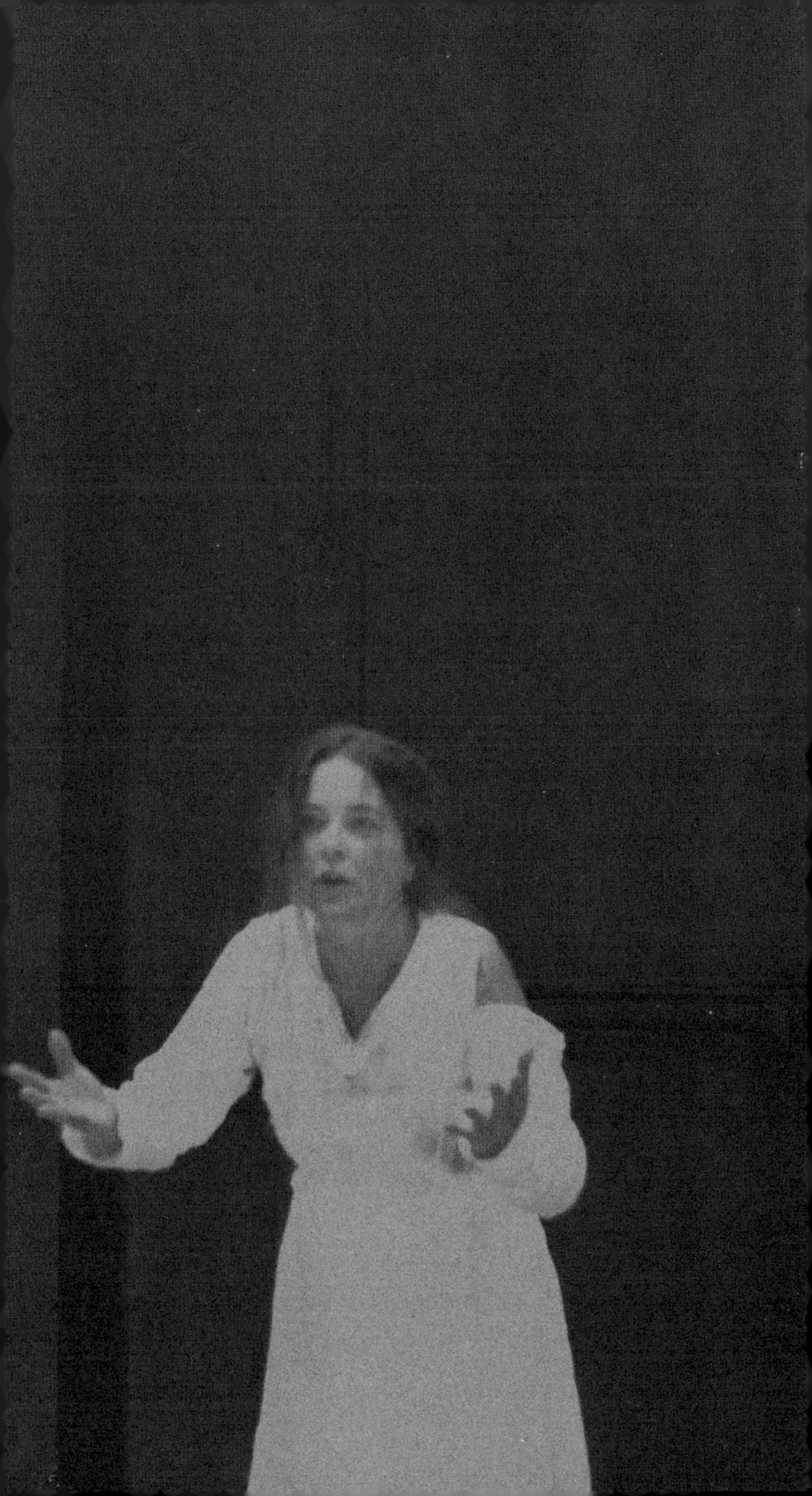

A PEÇA [*um monólogo*]

PRÓLOGO

Este é o primeiro dia de uma nova vida, outro raio desta roda que sobe. Mas o meu corpo atravessa-o errante como a sombra de uma ave. Se não forçasse o meu cérebro a tudo delimitar por detrás da minha fronte, tudo seria transitório como uma sombra no campo, em breve desvanecida, em breve obscurecida, desaparecendo ao encontrar a floresta; forço-me a fixar esse instante, ainda que apenas no verso de um poema que não escreverei.

As ondas, Virginia Woolf

CENA 1

Virginia faz um inventário de sua vida enquanto se afoga.

VIRGINIA   Então é assim que se morre...
Pedras nos bolsos... nenhum pensamento, nenhuma dúvida.
A imensidão da água, súbita perplexidade, e agora...
A placidez do distanciamento de tudo, uma sensação de alívio, de paz.
Viver é uma selvageria.
Rostos e acontecimentos me inundam...
e tento me ater por alguns instantes a quem eu ainda sou, ou fui.
Uma mulher, inglesa, escritora, nascida em 1882.
Não, não é só isso que me define.

Se a essência da minha vida pudesse ser descrita em uma imagem, seria a de estar deitada, meio adormecida, meio acordada, na cama do quarto das crianças da casa de praia. E escutar as ondas rebentarem uma, duas, uma, duas, salpicando na areia. A pulsação da vida sob o ritmo das ondas. Essa é a minha pedra fundamental.

Será que daqui a cem anos alguém vai se interessar por minhas reflexões que, entre uma crise e outra, consegui transpor para o papel? Quanta agonia com o fantasma de ser rejeitada. Meu tempo passou.

Os aviões... os alemães e seus voos rasantes... Quando os soldados chegarem, ofereçam um chá enquanto tomamos nossa dose de cianureto a dois.

As vozes... por que insistem tanto em me atormentar?
Cansei de tentar disfarçar o meu tormento, de tentar ficar sã.
Mas, afinal, o que é ser normal? A loucura não será uma extrema e insuportável lucidez?
Quero deixar a loucura preencher cada átomo do meu corpo e rir enquanto me despeço.

Aqui estou eu, no fundo de um rio, com água nos pulmões. Arrependimentos? Saudades, talvez.

A primeira vez que pensei em me matar foi quando minha mãe morreu, eu tinha treze anos. Foi ali que conheci o abismo, de onde nunca mais consegui sair.
Hoje vou ser bebida pela água.
Mas quem sou eu mesmo?

| VIRGINIA | (com energia de vida)
Eu sou Virginia.
Adeline Virginia Stephen. Woolf. Virginia Woolf. Filha de Julia. Julia... tão linda. Esqueci o nome do meu pai... Eu tenho esquecido, tenho esquecido muito. Ando confusa, tenho muita coisa na minha cabeça.
Eu tenho todos os personagens que já escrevi dentro de mim, consigo ouvir a conversa deles... Clarissa Dalloway. Ela recebe seu ex-namorado Peter, ela está insegura pensando se ele vai achá-la envelhecida; enquanto isso, sua criada a perturba perguntando sobre os preparativos para a festa. E tem Septimus e seus delírios...
A minha infância foi ouvir gritos da minha irmã Laura no quarto ao lado. Ela tinha problemas mentais, assim como Septimus em *Mrs. Dalloway*.

O nome do meu pai... Os meus pais eram vizinhos e, por coincidência, ficaram viúvos na mesma época. A minha mãe era uma mulher luminosa! |
|---|---|
| *Julia* | Eu era apaixonada pelo meu primeiro marido, foi um choque que ele tenha morrido tão jovem. Aos poucos, comecei a me aproximar daquele meu vizinho viúvo, a quem eu admirava, e passei a me identificar com a dor e com as ideias dele.

Eu era quinze anos mais jovem, certamente buscava entender qual era o sentido de tanto infortúnio. Até que um dia, fui pedida em casamento. Ele vivia sozinho com a filha Laura e eu estava tão desamparada com três crianças pequenas... |

VIRGINIA Minha mãe sempre teve muita compaixão pelos outros, tinha necessidade genuína de ajudar os pobres, os inválidos, e parte do desgaste que ela teve... sim, porque ela morreu de esgotamento... Ela morreu de esgotamento. O meu pai, ao longo do casamento, se revelou um homem insaciável, exigente. Ela ainda tinha de cuidar de oito filhos, três de seu primeiro casamento, nós quatro que eles tiveram juntos, além da enteada, que tinha problemas mentais. Penso que ela aceitou se casar porque se compadeceu daquele homem solitário e brilhante.

Pai Nem sei se eu era tão brilhante assim. Eu tinha prestígio intelectual, claro, mas parte da minha amargura é porque não tive todo o reconhecimento que almejava.

VIRGINIA E a minha mãe, que na juventude teve tantas expectativas em relação à vida, que de tão bela chegou a posar para pintores pré-rafaelitas, faleceu de esgotamento aos 49 anos. Aquela mulher, o quanto ela poderia ter realizado com todo o seu entusiasmo, com a força de trabalho que tinha, ela poderia ter feito tanto, tanto!

Julia É claro que eu tinha o orgulho de ter construído uma grande família. Mas não me realizei pessoalmente. Vocês podem dizer, "ah, você foi uma mulher típica de sua época". É, é esse o ponto, as mulheres sempre foram menosprezadas, invisíveis.

VIRGINIA "O anjo do lar"... Eu escrevi sobre isso.
Na literatura as mulheres tinham destaque, eram descritas como fortes. Nos gregos, em Shakespeare... Mas até pouco tempo, a vida cotidiana da mulher, a mulher comum, não tinha relevância nos livros, muito menos seus desejos, seus sonhos. Era como se isso não importasse.
Já a figura do homem refletida no espelho tinha o dobro de seu tamanho natural. E era assim que queriam ser vistos pelas mulheres.
A vida não fez jus ao potencial e à grandeza da minha mãe. O que eu sou eu devo a ela. Ela se realizou, sim, através de mim. Porque ela é a minha inspiração, sempre esteve aqui comigo, mesmo que nem sempre de maneira tranquila para mim.
Escrever me libertou da dor da ausência dela, da sua voz que ecoava em mim todos os dias desde a sua morte. Só assim consegui expurgar grande parte das minhas vivências em família.

Eu nunca pude frequentar a escola. As mulheres não tinham esse direito. Aliás, em muitos lugares, elas não têm esse direito até hoje.
Só me restava esperar ansiosamente o meu irmão chegar da escola e devorar todo o conhecimento que ele trazia de lá. Adorava trocar com ele todas as minhas curiosidades sobre a cultura grega. Sempre fui fascinada pelos gregos!

Thoby Virginia resolveu aprender grego só para poder ler tudo o que eu tinha aprendido e assim dominar todos os assuntos. Nada lhe escapava.

VIRGINIA   Que descoberta extraordinária:
agora não me sinto mais sozinha,
eu tenho a literatura.

Foi através dela que eu consegui conquistar o meu pai.
Eu pensei: qual será a brecha que a água encontra para se infiltrar numa rocha dura e hermética? Eu, a cabrita, a pequena Ginny, mais uma criança entre tantos filhos, tudo o que eu queria era conseguir penetrar no seu mundo, fazer com que aquele homem, por vezes inatingível, olhasse para mim.
Uma ideia me iluminou: eu vou ler toda a biblioteca dele!
E isso é o mais genuíno em mim, esse desejo pelo conhecimento.
O meu maior sonho sempre foi frequentar a escola.
Eu decidi: eu vou além! Vou mostrar para o meu pai e para toda sociedade o mal que eles estão fazendo ao limitar, de forma vergonhosa, o conhecimento às mulheres. O que vou fazer? Eu vou ler. Furiosamente. Essa vai ser a minha maior vingança.

Comecei a ler de tudo! Que prazer que eu tinha em escolher cada livro, devorá-lo, e depois ficar conversando com o meu pai sobre as minhas impressões.

Pai   Que espanto! Uma menina como você com tanto alcance intelectual.

VIRGINIA	Como se eu, por ser mulher, não pudesse ser tão inteligente. E tudo isso estabeleceu uma cumplicidade entre nós, se tornou o meu encontro com meu pai. Finalmente, encontrei o meu lugar naquela família. Apesar de toda a mágoa, de todo o mal que o meu pai nos fez com o seu gênio terrível, eu devo a ele grande parte da minha formação intelectual. E hoje, sendo uma escritora reconhecida, eu penso: o que será que o meu pai acharia disso? Em minha precária sanidade, juntei todos os cacos da minha vida e transformei em literatura, o lado bom e o ruim, o sonho, a frustração, a ambição intelectual, a dor, a solidão, tudo, tudo. A vida imaginária, para mim, é muito mais interessante e prazerosa de ser vivida. Laura... a minha irmã mais velha tem problemas mentais.
Laura	É muito fácil falar que alguém é louco. Eu vivo no quarto, isolada da família!
VIRGINIA	E a gente só escuta seus acessos de fúria, seus gritos, às vezes eu passo a madrugada inteira acordada, assustada com o seu sofrimento, presa a um corpo, incompreendida.

Laura   Até onde alguém é considerado normal? Que critérios são esses que determinam se você é louca, ou quase louca, se é depressiva, burra, genial? Eu não tive chance de ser outra coisa, não tive tratamento, fui isolada e depois mandada para um sanatório, de onde nunca mais saí. Não me lembro de receber visitas da família...
As pessoas geralmente têm vergonha...

VIRGINIA   Quando comecei a ter acessos de raiva na infância, quando gritava e esperneava por não dar conta de toda aquela angústia que sentia, eu sabia que as pessoas pensavam que eu poderia ter herdado o desequilíbrio da minha irmã e essa ideia sempre me atormentou...
Eu também tenho visões, e assim como Septimus, eu também escuto vozes... por vezes, até em grego...

Ele estava ali ainda, sentado no banco, com o seu sobretudo gasto, as pernas cruzadas, de olhar fixo e a falar sozinho. "Os homens não deviam cortar as árvores. Existe um Deus. Mudar o mundo. Ninguém mata por ódio. Divulgar isto." Fez uma pausa. Pôs-se à escuta. Um pardal empoleirado na cerca em frente chilreou Séptimus, Séptimus, quatro ou cinco vezes, e depois continuou a extrair as suas notas até entoar, numa voz fresca e aguda, palavras em grego que diziam que o crime não existe; então outro pardal aproximou-se e juntos entoaram em grego um longo e cristalino canto, empoleirados nessas árvores do prado da vida, por detrás de um rio onde os mortos caminham, um canto que dizia: a morte não existe.
Mrs. Dalloway, Virginia Woolf

VIRGINIA Quando eu tinha treze anos, minha mãe morreu de uma hora para a outra. Ela ficou doente no quarto, falaram que ia melhorar e, de repente, nós fomos chamados para dar um beijo de despedida nela; assim, soco no estômago, ninguém explicava nada para os filhos.

— Mãe, acorda, você é a alma dessa casa, é o farol da nossa família, você é tudo!

A nossa infância na casa de praia foi quando eu fui mais feliz do que alguém poderia imaginar.

Julia Eu convidava sempre muitas pessoas, a casa vivia cheia, era uma alegria. Eu tinha senso de humor, adorava imitar todo mundo que tinha visto na estação de trem.

VIRGINIA Você era tão divertida... mas eu percebia o quanto você era infeliz.
No momento em que seus olhos se perdiam, quando respirava mais profundamente, ali escapava todo o seu desencanto com a vida. Talvez por isso mesmo se ocupasse demais.

O impacto da morte da minha mãe foi tão dilacerante que eu fiquei atônita, observando a minha própria mãe, morta, deitada em sua cama... de repente, eu vi um homem sentado ao lado dela... mas eu não sei se isso foi verdade... Em outra ocasião, eu também tive uma visão. Uma cara horrível apareceu aqui atrás do meu ombro enquanto eu me olhava no espelho.

Não sei se eu só imaginei, mas nunca me esqueci daquela expressão de horror...

Terá sido um delírio como aqueles que escrevi para Septimus?
E se eu tiver a capacidade de ver espíritos, de escutar suas vozes? Isso não poderia ser confundido com loucura? Ter um tipo de sensibilidade que não é compreendida?
Excesso de lucidez, é isso o que chamam de loucura?
A lucidez é insuportável, ela me enlouquece.

Depois da morte da minha mãe é que tive a minha primeira grande crise nervosa. Me lembro da sensação, é como se o chão tivesse ruído de repente e eu caísse num abismo sem fim...

O meu pai gritando alto pela casa, arrependido por não ter dito o quanto a amava.
Depois, passou a se vitimizar, a explorar a enteada, Stella, que era uma mulher apagada, sem vida própria, mas parceira devotada à nossa mãe em todas as suas tarefas.

Stella   Eu fiquei dois anos assim, como um fantasma eficiente, sobrecarregada.
Eu tinha um pretendente apaixonado, mas não tinha tempo. De tanto insistir, ele acabou conseguindo uma chance. Me lembro da noite em que saímos para passear pelo jardim...

VIRGINIA E nós, os irmãos, fomos atrás espionar...
Ouvimos sussurros, risos, depois Stella nos contou com vergonha e emoção que iria se casar. A felicidade dos noivos foi um renascimento para a família inteira, foi a primeira vez que acompanhei de perto o encantamento e o frescor de um amor correspondido.

Stella se casou, engravidou na lua-de-mel, adoeceu e faleceu três meses depois.
Foi assim que ela foi arrancada da vida que tinha pela frente.

Nós, que ainda estávamos reaprendendo a viver após a trágica perda de nossa mãe, tivemos que suportar o insuportável.

Vanessa Eu assumo as tarefas de casa, já que sou mais velha que você, Virginia.
Me lembro que nossa mãe não descansava um minuto. Acho que ela tinha a urgência dos que sabem que vão morrer cedo. Mas eu não vou morrer de esgotamento, eu vou ser uma pintora, eu vou ser livre.

VIRGINIA Os gritos do meu pai... reclamando com Vanessa que as contas estão altas...
Ele está ficando surdo, amargurado, cada vez mais frágil... morreu. Morreu?

Vanessa   Eu não posso dar conta de tudo, já perdemos pai, mãe, e nossa irmã Stella. E ainda tem a eterna preocupação com nossa outra irmã, Laura, e agora com a saúde de Virginia. Já são duas irmãs com problemas mentais, e os nossos irmãos, bom, eles têm que se dedicar à árdua tarefa que sempre nos foi negada: ir à escola estudar.

Enquanto Virginia se recupera da tentativa de suicídio, após a morte de nosso pai, vou aproveitar para vender a nossa casa e ela já vai direto para o novo endereço, em Bloomsbury.

Uma nova vida começa agora.

Thoby   As minhas irmãs Virginia e Vanessa adoram quando eu convido os meus amigos da faculdade. Passamos a fazer reuniões em que o rigor intelectual é o mais importante. Aqui o silêncio é permitido, pois não vale a pena abrir a boca se não for para falar algo extremamente relevante. *Ajustem a ação à palavra e a palavra à ação.*
Hamlet, Shakespeare

VIRGINIA   Hamlet! É verdade, Thoby, em nosso grupo não existe mais aquela etiqueta imposta às mulheres de falar somente o essencial no chá das cinco. *Indeed*. Não, não será preciso colocar um vestido para ir em intermináveis bailes, onde eu certamente me sentiria deslocada e invisível. Em Bloomsbury, reencontrei o prazer de viver, algo que não experimentava desde os treze anos.

Mas quando nos sentamos juntos, muito próximos, as palavras que dizemos fundem-nos um no outro. Aqui estamos adornados pela névoa. Somos um território imaterial.
As ondas, Virginia Woolf

VIRGINIA   Um tempo depois, nós, os irmãos, fomos realizar o sonho de conhecer a Grécia! Logo no início da viagem, Vanessa nos deu um susto, adoeceu. Uma gripe simples, uma febre, poderia rapidamente se tornar irreversível. Conhecíamos bem esse desfecho trágico. Para o nosso alívio, ela acabou ficando boa, mas Thoby voltou com febre tifoide...

Como não enlouquecer?
Thoby era o nosso ídolo, eu e Vanessa brigávamos pelo amor dele desde criança.
Era ele quem ia à escola e trazia o conhecimento. Me lembro tanto dele dizendo que a bitola para medir todas as coisas era Shakespeare; para ele, tudo está em Shakespeare.

Logo após a perda de nosso irmão, Vanessa decidiu se casar, o que foi um grande choque para mim. "Logo agora? Não queríamos ser mulheres livres? O nosso sonho nunca foi ser o 'anjo do lar'. Você queria ser pintora e eu escritora. A gente fez um pacto embaixo da mesa de jantar quando éramos crianças; ali era o nosso navio, e nos tornamos cúmplices: decidimos não aceitar o que a sociedade destinava às mulheres!"

Vanessa se casou. Eu fiquei morando com nosso irmão mais novo, com quem não tinha grande afinidade. Depois, ainda tivemos que dividir as despesas da casa com mais alguns amigos. Eu tinha vinte e tantos anos; além de cuidar de tudo, ainda tentava ganhar algum dinheiro escrevendo artigos para jornais e já tinha um primeiro livro recusado.

Foi quando me dei conta de uma coisa muito importante: uma mulher precisa de um mínimo de privacidade, de um espaço, de um teto todo seu, e, de preferência, ter uma pequena renda própria, para poder escrever. Sendo mulher, conseguiria escrever e viver da minha escrita?

Finalmente, consegui editar meu primeiro livro, *A viagem*.
E fui internada dias antes do lançamento.
Não suportei a expectativa de ser um fracasso.

Eu tenho desequilíbrios nervosos desde a infância e muitas questões familiares contribuíram para isso.
Além de Stella, minha mãe tinha mais dois filhos do primeiro casamento, que eram bem maiores do que eu.
A lembrança mais marcante que tenho do meu irmão mais velho, Gerald, é de quando eu era criança. Ele me colocou em cima de uma bancada e começou a deslizar a mão pelo meu corpo. Eu fiquei incomodada com aquilo, porque percebi que a atitude dele não era de quem estava se importando comigo, era algo imposto a mim e ao meu corpo. Eu já intuía de alguma

maneira que aquilo era errado, mexerem no meu corpo contra a minha vontade, invadirem a minha intimidade, mesmo que eu nem soubesse o que isso significava realmente. Eu fiquei muito confusa, agredida... mas não contei para ninguém.
E isso nem foi o pior...
Pouco antes de o meu pai falecer, o meu outro irmão, George, resolveu assumir o comando das duas irmãs mocinhas, sem mãe e com o pai ausente. Passou a nos levar a todos os bailes de Londres, certamente com a intenção de nos oferecer em casamento a algum homem rico, quem sabe até mesmo um nobre, e assim poder ascender socialmente.
Primeiro levou Vanessa, que era a mais velha.

Vanessa Eu fui categórica e disse que nunca mais iria aos bailes!
Me sentia inadequada naquela sociedade esnobe. Pertenço a uma elite intelectual. A elite burguesa ou aristocrática não me interessa.

VIRGINIA Tenho a suspeita de que a recusa de Vanessa não se resumia simplesmente em ir aos bailes...

A primeira vez que aconteceu, eu me lembro bem, George e eu tínhamos ido a um jantar aborrecido com duas senhoras bem mais velhas, da alta sociedade, extremamente formais. Procurando desesperadamente por assunto, achei que poderia impressioná-las expondo a minha opinião sobre Platão e os gregos.

George   Virginia, uma dama não deve expor suas ideias!

VIRGINIA   Em seguida, fomos assistir a uma peça francesa, quando em dado momento, os atores começaram a encenar o ato de copular. Que escândalo!
Saímos correndo no intervalo, as nobres senhoras ultrajadas com tamanha indecência, "Ah, esses atores, que corja!"; e meu irmão nervosíssimo porque estava acompanhado de uma donzela: eu.
Cheguei em casa exausta, guardei o meu vestido de cetim branco, me deitei, estava quase dormindo quando ouvi o leve ranger da porta... Ele era dezoito anos mais velho do que eu...

O que as nobres senhoras diriam se soubessem que o respeitável cavalheiro era na verdade violador de sua irmã?
Em quem afinal eu poderia confiar?

O desamparo, o medo do futuro, o medo de perder pessoas queridas, a incerteza em relação ao meu talento literário e à minha própria sanidade mental, me atormentaram durante toda a minha formação. Eu me fundei sob um solo movediço que, a qualquer momento, poderia me dragar de novo para o fundo de um abismo. Como não enlouquecer? Como não enlouquecer diante da possibilidade de ser medíocre? Eu não tenho condições emocionais de suportar o fracasso, de suportar o sentimento que o meu pai amargou a vida inteira, de estar aquém das próprias expectativas.

A insegurança me desequilibra antes da publicação de cada livro. Isso não foi aplacado nem mesmo pelo reconhecimento profissional: quanto maior a expectativa, mais meus nervos se descontrolam. E durante o processo de escrita, me cobro a centelha da inspiração, algo impalpável, metafísico. Será que eu tenho talento mesmo ou só tive alguma sorte? Sempre desconfiei de mim mesma.

Bloomsbury!
Com o passar do tempo, em nosso grupo, nos sentíamos íntimos para conversar sobre tudo: falávamos de arte, sexo, sodomia, relações livres...
Em certa ocasião nos empolgamos tanto, que Vanessa dançou e tirou a blusa! Se essa cena tivesse acontecido na França, teríamos terminado todos aos beijos e abraços.
Eu mesma quase me casei com um grande amigo homossexual.
Às vezes me pergunto se não teria sido mais feliz com ele. Teríamos o prazer da convivência e cada um que cuidasse de sua vida.

Não é segredo para ninguém que eu tenho questões com sexo... mas uma coisa é inegável... a emoção que tenho de estar na companhia de mulheres... na companhia de Vita...

Conseguia perceber o que lhe faltava. Não era beleza, nem inteligência; era algo de fulcral e penetrante, qualquer coisa de ardente, capaz de quebrar superfícies e fazer ondular o frio contato entre um homem e uma mulher, ou de duas mulheres entre si. Porque isso ela compreendia, vagamente. (...) Havia momentos em que não conseguia resistir ao encanto de uma mulher. (...) Por um instante apenas, mas bastava. Era uma súbita revelação, como um rubor que se quer deter, mas ao qual nos submetemos.
Mrs. Dalloway, Virginia Woolf

VIRGINIA   Imagine uma história inspirada em você, Vita: *Orlando*!
E tudo seria sobre você, os desejos da sua carne, os mistérios da sua mente, sim, porque coração você não tem nenhum.

Vita   Meu Deus, Virginia, se alguma vez eu estive emocionada e aterrorizada, foi com a perspectiva de ser Orlando. Que divertido! Vá em frente. Mas se por alguma razão você quis se vingar, agora está tudo em suas mãos. Agora, já que você vai me dissecar, me despedaçar, e me oferecer em banquete, você deve ao menos dedicar isso à sua vítima.

VIRGINIA   Vita, Vita... Que encontro extraordinário!

Foi em Bloomsbury que conheci meus grandes amigos da vida inteira, entre eles, Leonard Woolf. A primeira vez que ouvi falar dele, eu me lembro bem, meu irmão costumava descrever seus

amigos de maneira peculiar e dizia que Leonard era um homem selvagem, misantropo, que não acreditava que alguém pudesse fazer algo de surpreendente após os vinte e cinco anos. Fiquei intrigadíssima. Que personagem fascinante!
Ele morava no Ceilão, veio a Londres e começou a frequentar as nossas reuniões.
Leonard disse que se apaixonou por mim. Me pediu em casamento, eu recusei. Mas por que acabei aceitando mesmo? Eu tenho esquecido, tenho esquecido muito... Eu nunca tive atração física por ele...
Talvez eu tenha me encantado pelo amor que ele passou a sentir por mim, e de fato eu passei a me interessar por ele, ou pela ideia de ser protegida. "Você cuida de mim, eu cuido de você e juntos nós vamos ser uma potência intelectual."

Leonard Eu me apaixonei por Virginia porque entendia o abismo que tinha dentro dela. Mas eu não pensei que fosse ser tão difícil...
Ela é nervosa, tem depressões, desequilíbrios constantes. Nós sabemos que um dia ela pode estar bem e em seguida flertar com a loucura. Mas sempre com consciência de tudo, lúcida, brilhante. Genialidade e loucura.
O nosso encontro nunca foi carnal, temos muita afinidade intelectual.
Eu tinha quase certeza de que, após o casamento, ela iria me desejar, era só uma questão de tempo.
É difícil entender seu encantamento por outras mulheres. Sempre imaginei isso como algo platônico; afinal, Virginia é muito reprimida, sofreu abusos dos irmãos, aqueles hipócritas.

VIRGINIA O meu marido é muito interessado em política e acabei me envolvendo com causas sociais também, sobretudo com a luta pelos direitos das mulheres; apoiei o movimento sufragista, dei aulas para operárias, me deixei afetar pelo engajamento dele.
Fundamos a nossa editora, a Hogarth Press, e vivemos para a literatura. Fomos felizes...

Me lembro de que recusamos editar *Ulysses*, de Joyce. Não tive interesse algum, deixei guardado numa gaveta. Até que minha grande amiga Katherine Mansfield leu os manuscritos e disse que *Ulysses* tinha alguma qualidade. Na verdade, eu sempre soube que se tratava de um material extraordinário, só não quis admitir. Sempre fui competitiva.

É desconcertante rastrear o caminho dos nossos sentimentos.
Quando soube que Katherine tinha falecido, tive um choque de alívio: uma rival a menos!
Só depois é que veio o vazio, a depressão.
É melhor não saber o que se passa no íntimo das pessoas.

Leonard Virginia disse em sua carta de despedida que eu fui extremamente paciente e bom. Eu lutei. Eu lutei até o último minuto. Durante a guerra, suportando as crises dela, suportando a rotina que tinha que impor a ela, os problemas na nossa editora, eu suportei tudo. Estoicamente.

VIRGINIA   Eu me submeti durante anos à sua tirania. Era o nosso sistema doentio. Você aturava as minhas crises, me isolava do mundo, porque só assim eu teria condições de escrever.

Leonard   Quando eu não vi Virginia depois do café da manhã, eu senti que algo de ruim estava prestes a acontecer. E quando vi a carta, entendi tudo. Eu só não sabia que tinha sido no rio. Alívio? Dor? Raiva. Eu estou velho! Por que é que não se matou antes?

VIRGINIA   Por que não me matei antes?

Leonard   Por que não se matou antes?! Eu gastei os melhores anos da minha vida com você. Aceitei ser um mero coadjuvante. E você quebrou o nosso pacto, se os alemães aparecerem aqui, eu vou ter que tomar o cianureto sozinho.

VIRGINIA   Eu fiquei presa nesse esquema. Dentro da minha insegurança, eu tinha que criar naquele caos, dar corpo a todas as vozes, a todos os tormentos. Sim, porque as vozes não me pedem licença para entrar, elas me invadem, me torturam. Eu me submeti a tudo para não ser interditada. Na verdade, em algum momento, passei a desejar isso. Ser internada num quarto ou numa casa de repouso, e então, ironicamente, ter um teto todo meu, onde pudesse escrever sem ser interrompida.

Leonard   Eu sou um homem metódico. Você sabe que precisa de disciplina, que só consegue escrever porque eu organizo a sua vida.

VIRGINIA   Quando eu escrevi a carta de despedida, disse que ele era o melhor dos homens.

Porque de certa forma você foi, ficou ao meu lado.
Você tem muita admiração por mim, claro, sempre foi o meu maior incentivador. Você queria ser escritor, mas ficou claro que eu tinha mais vocação... você foi muito inteligente, generoso, investiu em mim. Mas você cobrou. Cobrou alto. O nosso casamento virou uma armadilha!

Comecei a ver meu pai em Leonard! E assim como o meu pai foi se tornando um homem amargurado, meu marido também se tornou. Eu diria quase que perverso, me sugando, me exigindo. Ele decidiu por mim que eu não poderia ter filhos! Me isolou nessa vida solitária, dizia que Londres era muito frenética para mim. Mas era isso que eu amava! Flanar pela cidade, observar as pessoas, encontrar os meus amigos, ir ao museu, à biblioteca, tudo isso era a minha inspiração!

No olhar das pessoas, na marcha, no passo, na pressa;
na gritaria e no alarido; nas carruagens, nos carros, nos ônibus,
nos furgões, no sacolejo e no passo arrastado dos homens
sanduíche; nas fanfarras; nos realejos; no triunfo e no frêmito e
no insólito e intenso zumbido de algum aeroplano no alto estava
o que ela amava; a vida; Londres; este momento de Junho.
Mrs. Dalloway, Virginia Woolf

VIRGINIA Existe uma certa lenda sobre mim. Sou a imagem da autora desequilibrada. Isso vende. Virginia Woolf se deprimiu, teve uma crise, foi internada. Será que vai conseguir criar durante o surto? Que obra sairá desta vez?
Eu consigo escrever porque tenho a capacidade de sofrer choques. Eu crio a partir dos choques.
As vozes... por que insistem tanto em me atormentar? Cansei.
"O seu tempo passou... o seu tempo passou... a sua inspiração acabou..."
Eu escuto e fico paralisada, sem confiança.
Eu só quero calar as vozes...

Surge um obstáculo no fluxo do meu ser; o rio profundo esbarra
em qualquer coisa; empurra; puxa; no centro há um nó que não
cede. Ah, esta dor, esta angústia. Desfaleço, perco a consciência.
Agora o meu corpo funde-se; estou liberta, incandescente. Agora,
o rio se expande numa imensa maré fértil, rompendo os diques,
se insinuando à força nas fendas, inundando livremente a terra.
A quem darei tudo o que flui através de mim, através da argila
tépida e porosa do meu corpo? Vou fazer uma grinalda com as
minhas flores e oferecê-la.
As ondas, Virginia Woolf

Minha primeira memória é da água, talvez da barriga da minha mãe, depois de ouvir o bater das ondas quando criança, o barulho da água do rio correndo, rio Tâmisa, rio Ouse, e é para lá que eu quero voltar. Vida e morte... Ofélia! Como diria meu irmão, tudo está em Shakespeare.

FIM

AGRADECIMENTOS

Carmem Hanning, que me fez redescobrir a obra de Virginia. Suas leituras rigorosas e seu carinhoso incentivo foram fundamentais no processo de escrita deste texto.

Bel Teixeira, que me iluminou com sua técnica de escrita cênica.

Amir Haddad, que acompanhou de perto a construção deste texto, com quem aprendi tanto sobre a liberdade de estar em cena.

Bia Lessa, que me apresentou à Virginia quando encenamos "Orlando".

Cacá Mourthé, por ter me ensinado tanto sobre teatro desde o início.

Antônio Abujamra que, ao me convencer a ser Hamlet *aos 20 anos, me mostrou que no teatro tudo é possível.*

Ana Kiffer e Pedro Kosovski, meus orientadores na pós-graduação, que foram leitores atentos e generosos.

© Editora Nós, 2022

Direção editorial SIMONE PAULINO
Editora RENATA DE SÁ
Assistente editorial GABRIEL PAULINO
Projeto gráfico BLOCO GRÁFICO
Revisão ANA CAROLINA MESQUITA
Produção gráfica MARINA AMBRASAS
Coordenadora de marketing MICHELLE HENRIQUES
Assistente comercial LOHANNE VILLELA

Crédito das imagens JOSÉ HENRIQUE FONSECA (p. 7), PABLO HENRIQUES (p. 37) e ROGÉRIO FAISSAL (capa).

2ª reimpressão, 2023

Dados Internacionais de Catalogação na Publicação (CIP) de acordo com ISBD

A162v
Abreu, Cláudia
   Virginia, um inventário íntimo / Cláudia Abreu
   São Paulo: Editora Nós, 2022
   40 pp.

ISBN: 978-65-86135-85-5

1. Teatro. 2. Teatro brasileiro. 3. Virginia Woolf. I. Título.

	CDD 792.0981
2022-1933	CDU 792(81)

Elaborado por Vagner Rodolfo da Silva, CRB-8/9410

Índice para catálogo sistemático:
1. Teatro brasileiro 792.0981
2. Teatro brasileiro 792(81)

Todos os direitos desta edição reservados à Editora Nós
Rua Purpurina, 198, cj 21
Vila Madalena, São Paulo, SP | CEP 05435-030
www.editoranos.com.br

Fonte GT SUPER
Papel PÓLEN BOLD 90 G/M²
Impressão MARGRAF